빛이 오는 방식

빛이 오는 방식

김화숙 제2시집

도서출판 천우

시인의 바람

사소한 일상에서 만난 감동과 깨달음을 나의 것만이 아닌 동시대를 함께 살아가고 있거나 내가 죽은 뒤에도 살아남을 이들을 위해 한 장 한 장의 엽서로 남겨둘 수는 없을까! 그들과 공유하면서 그들의 삶에 작은 꿈이나 힌트라도 줄 수는 없을까! 특별한 수사가 필요 없는 짧고 쉬우면서도 명쾌한 메시지를 보내고 싶었다. 제2시집 『빛이 오는 방식』은 나의 이런 염원을 담아 지은 집이다. 이 시집을 든 손길 모두에게 나의 기도가 함께 할 것이다.

꽃다발이 사람들 얼굴을/ 환하게 바꿔주듯/ 시집을 찾는 사람들에게/ 빛 한줄기 심으면/ 더는 바랄 것이 없겠네.

—「시에 옷을 입히다」 일부

2017년 9월
동경에서
김화숙

제1부

물의 고백

제2부

시간

제3부

엄마의 새 길

제4부

여백

제1부

물의 고백

물의 고백

아래로 아래로 흐른다고
낮은 곳을 좋아하는 거 아냐
바다가 여행의 끝은 더욱 아니지
낮은 곳으로 흘러
바다에 이르고자 하는 건
살아남기 위한 장정일 뿐이야
때로는 구름으로 피어올라
높은 곳에서 세상을
내려다보고 싶은 심정
사람들과 하나도 다르지 않아
순리를 따라 멈춤 없이
흐르고 흘러가야 하는 것이
내가 사는 모습이라는 것
그 이상도 그 이하도 아니라고
기억해 줬으면 좋겠어.

그런 사람이 있다

시집을 읽다 가끔
밑줄을 긋는다
다음에 다시 만나자
약속인 것이다
시집의 홍수 속에 살면서도
불현듯
밑줄의 약속이 기억나
가던 길 주춤
멈추기도 한다
밑줄이 쳐진 시처럼
내게도
그런 사람이 있다.

잘못된 부탁

야생화를 찍는 친구가 있어
프로필 사진 한 장
찍어 달라 부탁했더니
꽃을 찍듯
나를 찍어놓았다
주름에 기미
염색할 날이 지나
새로 밀고나온 흰머리까지
어느 하나 놓칠세라
선명하고 뚜렷하게 잡아냈다
친구야 내 다시는
꽃이라 우기지 않을게.

길상사에 가면

모든 섬은
바다의 무덤이다
주저앉고 싶을 정도로
삶이 무의미해질 때
섬을 찾는 이유다
죽음 앞에 섰을 때
눈앞에 펼쳐진
법정스님의 섬은
어떤 모습이었을까
처음으로 길상사를 찾았다
스님의 유골이 묻힌
그의 삶 앞에서
나는 이미 너무 많은 것을
소유하고 있었구나
나를 향해 지치지 않고
아무런 대가도 없이
반기며 손 흔들어 주는
풀잎에게서
법정스님을 본다.

나는 신이 아니었다

허공을 나는 새처럼
하늘을 떠도는 구름처럼
살아온 길을 지우며
앞만 보고 달리면서
지난 흔적들 들춰보는 것을
사치라고 생각했었다

연락이 끊겼던 제자들의
안부전화를 받고
파도치고 동요하는 가슴을
쓰다듬는 나를 보며
친구가 한마디 한다
너도 사람이었구나
사람의 생은 결국
흔적이 말해주는 것임을
깨달은 아침이었다.

마스크녀

커피숍 앞자리 여자
마스크를 한 채
신문을 읽고 있다
벗는가 싶더니
한 모금 마시고는 다시
마스크를 쓴다
생각해보니 서예교실에도
마스크녀가 있다
일 년 가까이 다니면서
그녀의 맨얼굴을
볼 기회를 잡지 못했다

감기도 잘 안 걸리고
화분증도 없는 나는
마스크를 한 기억이 없다
대신에 늘
표정이란 가짜 마스크를 쓰고
살아왔는지 모른다
고독과 불안, 질투와 거만을
들키지 않고
지금껏 살아온 것을 보면
나도 마스크녀다.

막춤을 추자

안주는 삶의 무덤이다
거미줄에 걸린
잠자리처럼
삶의 끈이 온몸을 칭칭
동여매었다 할지라도
가끔은 삶을 벗어놓고
가벼운 영혼으로
춤을 추자 막춤이라도 추자
평안을 부수고
일상의 고리를 끊고
상상의 수레바퀴를 달아
자신의 인생을 창조하는
삶의 예술가가 되자.

바람의 삶

바람은
그림자가 없다
지붕을 통째로 들어
내팽개치고
몇십 년 된 고목을
뿌리째 뽑아놓고도
아수라장을 수습하느라
몰려든 사람들을
무심한 눈으로
바라보는 바람처럼
투명하다면
살아오면서 쌓인
그림자로부터
자유로울까.

바보 당신

나 심심해요 했더니
소금 부쳐줄까
아님 간장이라도 한다
자기가 나의
소금인 줄도 모르고

배불러서 졸려요 했더니
통화할까 잠 깨게 한다
사랑의 갈증이
목소리를 듣는 것만으로
해소된다고 생각하는
당신은 정말 바보.

변신

쉰넷 생일을 맞아
도전병이 또 도졌다
며칠 고심한 끝에
왼손잡이의 삶을 살기로 했다
지독한 오른손잡이라
왼쪽 뇌만 쓰면서 살아왔다
개념에서 개념을 끄집어내고
닥치는 대로 일과 사물에
나름대로의 이름을 붙였다
삶 전체가 이성이고 철학이다
왼손잡이로 또 다른 삶을 꿈꾼다
젓가락질이며 글쓰기
많이 서툴고 답답하겠지만
그 속도만큼이라도
직감적이고 감성적인 삶
채색해가고 싶다
왼손잡이로의 변신에
내 머리보다 몸뚱이가
더 설레는 것 같다.

비처럼…

늦잠에 화들짝 놀라
커튼을 젖히니
겨울비가 내리고 있습니다
망연히 바라보고 있으니
내 몸에서도
흐르는 소리가 들립니다
몸속의 피와 물이 흐르고
기(氣)도 쉼 없이 흐르지만
당신을 향한 나의 그리움은
풀 한 포기 되어
흐르지 못하고 서 있습니다
이 풀이 시들기 전에
당신을 만나 비처럼 젖어
흘러가고 싶습니다.

삶에 대한 예의

시집을 읽을 때는
신선한 음식을 다루듯
손을 깨끗이 씻고
첫 장을 펼친다
커피를 내릴 때는
화분을 예쁜 받침 위에
올려놓듯
받침 접시가 딸린
세트 커피잔으로 한다
단골식당 직원이
물을 리필해 줄 때면
수저를 내려놓고
기다리고 있다가
고맙습니다 인사한다
나의 삶 모두를
정성으로 품고 싶다.

수행

중년에 들어서면서
주변에 모이는 사람들
말소리가 높아지고
속도 또한 빨라진다
추수기에 들어선 삶
거둬드릴 것이 안 보여
초조함에서이리라
내 삶이 시가 된 뒤로는
사람들 모인 자리에서
애써 입을 다문다
소리가 아닌 향기로
말하는 꽃처럼
따뜻한 미소 하나로
세상을 품고 싶다.

시집을 읽으며

학생 시절 유난히
평면기하를 좋아했어요
보조선 하나 찾기 위해
안 먹고 못 자며
시간에 매달리기도 했지요

뒤돌아보니 나의 삶은
기하풀이와 다를 바 없었어요
생의 답안을 찾기 위해
철학책만 읽어왔고
보조선 찾기에 매달렸지요

결과의 기쁨은 잠시였고
기나긴 힘들고 막연한
불확실한 과정들이 더 매혹적이고
진정한 삶의 모습이 아닌가요

이젠 시집을 읽으려고 해요
본질과 허상 사이를 오고 가다가
반짝하고 나를 전율시키는
깨달음의 과정 속에서
나를 찾고 싶어요.

영원한 날

인생 속고만 살았다고
엄마는 입버릇처럼 말합니다
너희 넷 키우며
가난하고 힘들었을 때
그때가 가장 좋았어
엄마의 말씀을 들으며
더 좋은 날은
오지 않음을 알았습니다
더는 꿈같은 날 쫓느라
허겁지겁 끼니를 삼키지 않을 것이고
첨벙첨벙 허둥대며
하루를 살지도 않을 것입니다
오늘보다 더 좋은 날은 없기에
내일을 향해
달려가 마중할 필요도 없고
오늘을 아끼며 천천히 보내는데
최선을 다할 것입니다
오늘은 나의 가장 좋은 날이며
나의 영원한 날입니다.

옥선아

네 목소리를 들으면
코스모스의 연약함이 걸어오고
웃는 얼굴을 떠올리면
백합의 향기가 미소 짓는
나에겐 그런 후배다
한발 물러섬으로
상대를 꽃으로 만들어 주고
한층 더 낮춤으로
수수한 사람일지라도
존재감을 느끼게 해주었지
늘 본받고 싶어도
내 생애에 도달하기 힘든
어떤 경지에 서 있는 듯한
나의 후배 옥선아
너는 나의 소중한 친구이며
내 삶의 스승이란다.

외딴섬

넓은 동경 하늘이
회색 일색이다
흐림이라고만 했지
비 온다는 말은 없었는데
보슬비에 젖는다
돈 벌어 고향 가서 살 거야
20년 전부터
벼르고 살아왔지만
고향은 오히려
등 뒤로 멀어져 갔고
고향 동네도 이젠 낯설다
비에 마음까지 젖는
오늘 같은 날 나는
외딴섬이 된다.

자존감

퇴근길에 만난 달
네온의 불빛이 없는 곳에서
바라보고 싶어
근처 주차장으로 갔더니
달은 말없이 따라왔다
문득 욕심이 생겨
운치 있는 동네 암자로
자리를 옮기니 달은
먼저 와서 기다리고 있었다
달님이시여
내가 얼마나 귀한 존재이기에
저와 동행을 하시나요
나를 따라 움직이는
구름과 바람, 가족과 친구들의
따스한 기운을
오늘따라 가까이서 느낍니다
어떤 고난이 있더라도
이젠 주저앉지 않으렵니다
내가 귀한 존재임을
행동으로 보여주고 있는
당신이 있으니까요.

진달래

한두 송이 열기 시작한
진달래에 홀리어
겁 없이 뒷동산에 오르다
고소공포증이 도져
뒷걸음질 쳐 기어 내려왔다
연등을 달다가
의아해하며 지켜보고 있던
동네 절의 비구니가
우리도 못 올라가요 한다
비구니 마음이
갓 피어난 진달래 같구나
무릎에 묻은 흙 터는 척
붉어진 얼굴 숨기는데
구름 뒤에 숨어 있던 해님
어느새 나타나
진달래 활짝 폈구나 하며
함께 웃어주었다.

짝사랑

베란다에 꾸며놓은 정원
겨우내 정성껏 지켜냈습니다
불씨를 간수하듯
향기 한 줌마저 지켜냈습니다
봄이 찾아오는 길 잊을까 봐
빛의 통로도 활짝 열어놨습니다
봄기운을 짊어지고
성큼 당신이 오실 날
나의 정원의 꽃들도 필 것이고
당신을 향한 짝사랑이
올해도 꽃을 피우겠지요.

팔찌의 꿈

사십 대에 샀던 가방을
샀던 가격의
십분의 일만 받고 팔고는
돈을 좀 더 보태
대신 팔찌를 샀다
사십 대에 들었던 가방을
오십 대의 어깨가
감당하지 못했기 때문이다
가방을 처리하면서
담겨져 있었던 추억들을
정리해 팔찌로 옮겼다
인간관계에 있어서도
무거운 인연들은 잊고
가벼운 마음으로
미래를 향해 날고 싶다.

해의 일상

여행지에 풀어놨던
물건이며 마음을
남김없이 싸들고
돌아와 눕는 나처럼
세상 구석구석에
뿌려놓았던 빛을
모조리 거둬들이고
그림자만 놔둔 채 사라지더니
하룻밤 사이
무엇이 그렇게 궁금한지
곱게 단장을 하고 다시 와서는
세상을 꼼꼼히 들여다보는
해의 일상은
아침이 찾아오면
다시 여행을 시작하는
나와 다르지 않다.

시에 옷을 입히며

산과 들에 보는 이 없이
피고 지는 들꽃처럼
나의 시도 읽는 이 없이
태어났다 잊혀지네
들꽃 한 아름 꺾어
꽃다발 만들 듯
시들어가는 시들을 살려
시집으로 묶기로 했네
꽃다발이 사람들 얼굴을
환하게 바꿔주듯
시집을 찾는 사람들에게
빛 한 줄기 꽂히면
더는 바랄 것이 없겠네.

동행

머리로 쓴 시를 읽으면
머리가 아프고
가슴으로 쓴 시를 읽으면
가슴이 아리다
들꽃 같은 사람과 있으면
두 눈은 이슬처럼 젖고
태양 같은 사람과 있으면
곰팡이처럼 기생하던 불안이
먼지 되어 날아간다
일출을 만나면
그의 미래에 탑승하느라
가슴은 파도처럼 출렁이고
일몰을 따라 걷다 보면
반성해야 할 일들이
그림자처럼 따라붙는다.

제2부

시간

분재를 보며

가끔은 분재가
전족(纏足)으로 보이면서
신음소리가 들리곤 했다
언제부턴가 그 비명이
자꾸만 따라다닌다
병원이라도 가봐야 할까

내 안을 들여다보니
내가 분재고 전족이었어
취향이 아니라서
능력이 안되는데
이런저런 구실을 만들어
나를 칭칭 감으며 살다 보니
내 발도 작아져 버렸다

장식적인 삶 연출하기 바빠
내 안의 비명들을
외면하고 살았구나
온실 문을 열고 담을 넘어
시간을 속여서라도
진짜 나의 삶을
무대 위로 올려야겠다.

유배의 삶

유배란 형벌의 내용은
고독이라서
고독을 즐기는 사람에게는
가벼운 벌일 거라고
소설 “추사”를 읽기 전에는
그렇게 믿고 살아왔다
사약이 언제
들이닥칠 줄 몰라
들풀의 사소한 몸짓에도
소스라치며 몸이 오그라드는
유배의 삶
벼랑 끝에 매달린 생애가
작은 바람에도
두꺼운 외투를 찾는다.

가장 잘 사는 법

자꾸 욕심이 앞서갑니다
걸음걸이가 빨라지고
목소리가 높아집니다
커피숍 갈 때면
책 한 권이 모자라
두 권 세 권 챙기게 되고
서예연습 할 때면
너무 힘이 들어가
글씨가 뒤뚱거리며
균형을 잡지 못합니다
가장 좋은 독서는
천천히 읽는 거라는
니체의 말을 다시 꺼내봅니다
가장 잘 사는 법 또한
니체의 독서법과 다르지
않다고 생각합니다
조금 앞서기도 하고
가끔 양보도 하면서
세월과 다투지 않고
어울려 살아가는 것이
가장 잘 사는 법인 것을…

길들여지기

웃음소리가 요란하여
함께 있으면 창피하다고
멀리한 친구가 있다
언제부터인가
단골 커피숍에
그 친구와 웃음소리가
똑같은 손님이 나타났다

생김생김이나 말소리가
진정성이 없다고
멀리한 친구가 있다
서예공부를 시작하고 보니
선생님이 놀랄 정도로
그 친구와 닮았다

인생길에서
반드시 겪어야 할 과정은
피한다고 피할 수
있는 것이 아니어서
나를 길들여서라도
평안을 얻는 법을
찾아야 할 것 같다.

시간

나는 숙면을 모르는 자
밤낮 같은 속도로
경쾌하게 걸어갈 뿐
나 따위 신경 쓰지 않고
저희들끼리 피고 지며
사랑하고 어울리는
세상을 바라보는 것이
나의 즐거움이라면 즐거움
가끔은 천천히 가라고
내 발목 끌어안고
질질 끌려오는 사람도 있고
제발 빨리 가달라고
온몸으로 내 엉덩일 밀며
욕보는 이들도 만나지만
모든 살아 있는 것들에 대해
내가 해줄 수 있는 말은
물고기가 물속에 있으면서
물의 존재를 모르듯
나의 속도에 불만을 품지 않고
나한테 잡혀 살면서도
나를 잊고 사는 삶
그것이 최고의 삶이란 거.

마음 놓고 아프셔도 돼요

파르테논 신전의 기둥 같았던
엄마의 허리가
골다공증으로 무너졌습니다
퇴원과 입원이 반복되면서
엄마의 마음도 무너지고
자식들의 화목도
바람 앞 등잔불이 되었습니다
해외에서 간병을 하러
고국 땅 발걸음이 잦아지면서
나의 희생과 노력이
의무가 아닌 사랑이기를
가족들한텐 위로와 희망이기를
엄마 마음 놓고 아프세요
하늘에 계신 아버지와 함께
기도하며 지켜볼 테니까요.

만리장성에 올라

20년 만에 만난 제자들과
만리장성에 올랐습니다
2천 년이 넘은 역사 앞에서
20년은 순간이었고
사진 몇 장 찍는 사이에
제자들의 이름과 얼굴을
기억해주지 못한 미안함도
웃음과 함께 날아갔습니다
생각해보니 내 남은 삶에
20년의 순간들이 한두 번
더 있을지 모르겠지만
다시 살아갈 날을 걱정하며
불안해하지 않으렵니다
웃음과 사랑으로 살다가
삶이 이유 없이 아득해지고
무겁게 느껴질 때면
다시 만리장성에 오르렵니다.

만추

달려오던 바람
나무 앞에 와서는
애써 속도를 늦추고
떨어지는 나뭇잎들은
예쁜 마감의 시간을 위해
하나같이 나비가 되네
등 굽은 동네 할머니
잎이 바닥에 닿기 바쁘게
빡빡 쓸어 담는다
할머니요 제발
낙엽을 쓰레기통이 아닌
나무 주변에 그대로
내버려두라고
눈으로 부탁해본다
만추
버릴 것이 없어요.

벚꽃 편지

가벼운 바람에도 우수수
무심한 듯
눈처럼 생을 마감하면서도
잠시 세상을 유혹하다
빛으로 잘 살다 가노라고
환호와 찬미를 받으며
짧지만 멋진 삶이었다고
욕심을 내 조금 더
살다 가는 삶일지라도
멀리 떨어져서 바라다보면
다 거기서 거긴 것이
피조물이라고
어깨를 찾아 잠시 쉬면서
꿈처럼 별처럼 속삭이네.

삶은 공유하는 것

어릴 때 우리집에선 늘
콩나물을 키웠다
안방을 드나들 때마다
물을 열심히 주면서도
언제 콩나물이 되나 싶었는데
미동도 않던 콩에서
한번 싹이 밀고 올라오기 시작하더니
우후죽순처럼 자라나
식구들이 미처 먹지 못해
앞집 뒷집 나누어 먹을 정도였다
얼마 전 제자들 모임에서
어른이 된 제자들을 보면서
때가 되니 무섭게 밀고 올라서던
고향집 콩나물이 떠올랐다
콩에 물을 준 나나
그 물을 받아먹고 자란 제자들이나
어른의 삶을 공유하게 되었으니
삶의 속도를 줄이고
어른이 된 제자들과 함께
함께 늙어 갈 것이다.

시적인 창

일상을 깨느라 무리해서
여행 갈 필요는 없다
망원경으로 보면
육안이 도달할 수 있는
거리를 늘릴 수 있듯
마음에 시적인 창 하나
걸어두는 것만으로도
시공에서 자유로워져
경계와 한계를 허물 수 있다
시적인 창으로 세상을 보다 보면
우리의 번뇌가
얼마나 사소한 것이며
이 또한 억겁의 인연으로
이뤄진 축복임을 알게 된다
가끔은 시를 읽으며
시인의 눈으로
세상을 바라볼 일이다.

신발을 사며

옛 제자를 만나면
하나같이 선생님 키가
엄청 큰 줄 알았어요 한다
나이 들어 줄었다 말하기 싫어
너희들은 앉아 있었고
선생은 늘 교단에 서 있었기
때문이라고 변명한다
제자들 동창모임에 초대받고
굽 높은 신발을 새로 장만하여
작아져 보이는 키만큼
세월을 되돌려 세우면서
인생 선배로의 빛은
제자들이 생각했던 것보다
더 키가 커졌다는 것을
알아줬으면 좋겠다.

염색을 하면서

머리가 허옇게 센
제자들을 안쓰럽게 보면서
세상은 풍요로워졌지만
삶은 녹록하지 않은가 보다
높은 점수를 얻어
좋은 대학을 가라고는 가르쳤지
풍파와 맞서지 않고도
살아가는 지혜까지는
가르쳐주지 못한 것 같다
난 오늘도 염색을 하며
삶의 실패 앞에서도
웃음이 바래지지 않고
하루를 살더라도
젊고 윤기가 넘치는 삶을
세상에 보여주고 싶다.

올가을엔

가을의 품에 안기려
사람들은
산으로 들로 떠나지만
나는 내 자리에 남아
눈 감고 기다리고 있다
단풍이 요란하지도 않고
황금빛 넘치지도 않게
살그머니 다가오고 있는
그를 느낀다
올가을엔
가을에 안기지 않고
내가 마음을 한껏 열어
가을을 받아주련다.

접시꽃

수액을 길어 올려
뼈 없는 직립하나

꽃송이 불 밝혀
세상을 노래하네

한참을 바라보다가
해 가는 줄 몰랐네.

징검다리

이십 년 만에 북경에서
제자들을 만났고
연길에 사시는 은사님과는
삼십 년 만에 연락이 닿았다
이삼십 년이란 세월이 흐른 뒤에야
고국나들이에서
친구들을 만날 수 있었다
다시 그만큼의 삶이 주어지면
나는 칠팔십 대가 된다
징검다리 몇 개 뛰어넘으니
한생이 가고 마는 것을
남은 시간도 실족하지 않으려면
다리에 힘을 키우는 것
내 삶에 대한
지엄한 명령인 것이다.

청춘의 자리

제자들 동창모임에
초대를 받고
무슨 옷을 입어야 할지
고민이 많았습니다
꽃의 자리를
차지해서는 안 된다는 것과
예쁘게 보이고 싶은 욕심 때문에
만나고 보니 알겠더군요
어떠한 의상도
청춘 앞에서는
힘을 발휘하지 못한다는 것을
어떠한 화려함도 청춘들은
다 소화시킬 수 있다는 것을
얘들아 다음엔
어떤 옷을 입고 갈까
고민하지 않을게.

틈새

사람들은 어째서
아득한 곳을 좋아할까
땅과 바다가 이어진
먼 길
땅 끝 바다에 와서도
또 먼 바다만 바라본다
해는 가까이 있는데
마치 기적을 기다리듯
어떤 희망 하나가
어떤 숨통 하나가
바다와 하늘의 틈새로
솟아올라주기를
간절히 기다리면서.

나목

잘 발라먹은 생선 같은
말라도 속까지
마르지 않고
얼어도 뿌리까지는
얼지 않는
먼 훗날
살점과 열정이
나에게서 빠져나갔을 때
도달하고자 하는
내 뼈의 경지.

맘껏 사는 법

사람은 음식으로 만들어진다
맵거나 짠 음식 말고
부드러운 음식을 먹어야 하는 이유다
향기가 나는 사람은
꽃과 많은 시간을 보내는 사람이고
기품이 몸에 배어 있는 사람은
책을 항상 가까이하는 사람이다
좋은 음악을 자주 듣는 사람은
그의 몸짓 하나하나가
아름다운 선율이 되어 움직이고
칭찬을 많이 먹고 사는 사람은
모든 것에서 빛이 난다
유한한 인생
좋은 것만 취하려 해도 시간이 짧다
부드러운 음식인
꽃이나 책, 좋은 음악이나 칭찬
취할 수 있을 때 맘껏 취하고
베풀 수 있을 때 맘껏 베풀자.

제3부

엄마의 새 길

꽃비 내리던 날

벚꽃이 눈 내리듯 질 때
떨어진 꽃잎을 밟고
하늘거리며 내려오는
꽃잎을 담느라
죽음을 밟고 아픔을 찍느라
셔터 누르는 소리
포즈 잡는 소리가 화려합니다
아픔도 정해진 죽음도
아름다울 수 있음을
가야 할 때 가는 것도
축제일 수 있음을
꽃비 맞으며 걷다가
죽비소리를 들었습니다.

속보

무궁화가 피었네
허공을 찌르는 도도함과
새색시 한복 같은 어여쁨에
하늘은 가슴을 열어
배경이 되어 주네
이국에서도 꿋꿋하게
넋을 품고 피어나는 그대처럼
나 또한
민족의 얼 잃지 않고
조국을 사랑하고 노래하며
살아가리라 다짐하네
울컥하는 마음 다독이며
그대를 사진기에 담아
고국의 친구들께 전하네
속보입니다
무궁화가 피었습니다.

낙엽

산책 중에
나무가 버린
언어 몇 잎 주워 왔다
커피를 마시며
내년 봄
파릇파릇 새로 탄생할
언어들을 상상했다
버릴 줄 알아야
새로운 것을 얻을 수 있듯
추억의 언어에만
의지하지 않고
꿈의 언어를 창조해
새 생명을
노래하리라.

엄마의 새 길

우리 집 바람벽은
엄마의 사진 전시회 공간이다
돌아가신 아버지 사진
자식들 어릴 때 사진
생일 때 찾아준 친구들 사진
골다공증으로
바깥세상과 멀어지시니
벽에 사진을 붙여 길을 내신다
그 길로
감자알 같던 자식들이
깔깔거리며 달려오고
웃음꽃이 별무리 되어
내려앉기라도 하는지
한참을
그 길 다녀오시면
엄마는 박꽃이 되신다.

떨림의 미학

모든 아름다운 것은
떨림에서 온다
별에 떨림이 없다면
우리를 꿈의 세계로
유혹하지 못하고
보석에 떨림이 없다면
황홀함을 보여주지 못한다
꽃에 떨림이 없다면
향기의 파장을 보내지 못하고
사랑에 떨림이 없다면
물이 마른 밭과 같다
떨림의 가슴을 안고
풀꽃 하나에도 감탄하는
여린 감성의 삶
떨림의 주인이 되자.

절창

하늘 아래
모였다 흩어지고
흩어졌다 다시 모이는
구름이 살고
구름 아래
사람들이 사네
구름과 구름이 어울려
단비가 되기도 하고
폭우가 되기도 하듯
남녀가 만나
사랑의 탑을 쌓기도 하고
이별의 언덕도 넘지만
가장 낮은 대지에서
6년을 살다 나와
하늘에 닿을 수 있도록
목청이 터지도록 우는
매미도 있네.

매미처럼

매일 아침 산책길에
들르는 동네 암자
며칠 전부터
매미 울음소리에 점령당했다
두 손 모아 마음을 다잡고
기도라도 할라치면
더욱 쩌렁쩌렁한 저 울음
매미들의 화끈한 구애에
요 며칠 기온이
태양을 따라잡을 태세다
사랑을 하려면
멋진 삶을 꿈꾼다면
이 정도의 절절함은
있어야 한다는 생각에
늘 하는 기도지만
매미의 삶을 배운다.

봄을 보내며

아침부터 비가 내린다
꽃잎은 제 무게를 못 이겨
떨어지고 뭉개지는데
잎사귀들은 아기 오리들처럼
물방울을 탈탈 털며
파릇하게 일어선다
창밖을 하염없이 바라보며
만나고 헤어졌던
많은 인연들을 떠올린다
이 봄이 다 가기 전에
안부 한 잎 보내고 싶지만
푸른 잎사귀처럼
많은 단어들이 속삭여도
내가 입을 문장 하나 찾지 못한다
봄의 끝자락에서
섬처럼 살고 있지만
줄기차게 나를 향해 손짓하는
무수한 언어들이 언젠가
반짝여 줄 것을 기대하면서
고독의 일상을 맞는다.

봄의 초대

건강해야 한다는
자발적 구속에 붙들려
틈만 나면 헬스장을 찾았고
집안일도 산책도
운동처럼 했다
화사한 춘삼월
대지의 율동을 느끼고 싶어
쫓기던 삶 잠시 멈추고
가볍게 걸어본다
대지의 봄기운을
수직으로 길어 올려
꽃을 피워낸 매화처럼
봄의 설렘을
가슴에 끌어올려
웃음꽃 피웠더니
나를 바라보는 눈길들이
매화꽃 같았다.

빛과 눈

나는 선글라스를
잘 쓰지 않는다
산행이나 공원 나들이에서
만나는 꽃이며 나무들
그들이 보여주고 싶은
옷차림 그대로를 사랑하고
나의 예쁜 눈을
감추고 싶지 않아서다
친절과 사랑, 감동과 기쁨을
전하는 길. 그 눈을
가리고 싶지 않았다
쉰을 넘은 나이에도
내 눈은 늘 빛난다.

빛은 어디서 오는가

다이아몬드는
각이 많을수록 찬란하다
다이아몬드 장인들은
더 많은 각을 내기 위해
혼신의 노력을 한다
더 이상 장인의 손끝을
필요로 하지 않는 순간
보석 또한 가장 값지고
황홀한 빛을 자랑할 것이다

세상에 어느 보석이
생각하는 사람보다 귀하랴
나는 보석 살 돈으로
좋은 음식을 사먹고
좋은 책을 구해 읽으면서
쉼 없이 갈고닦아
더 이상 신의 손길이
필요하지 않는 그 순간까지
보석처럼 빛으로 살리라.

사랑의 대가

젊은 시절
유난히 예뻤던 후배
옥선이와 해란이
오랜 세월이 지나
그들보다 더 예쁜 딸과 함께
눈부시게 나타났다
그들의 몸에서 빠져나온
사랑과 정성이 이미
자신들의 키를 훌쩍 넘겼음에도
여전히 젊고 찬란했다
사랑은 자아희생만도 아니고
사랑은 헌신만도 아닌
사랑을 준 만큼 내 안에서도
자부심과 아름다움이
함께 자란다는 것을
후배들의 모습에서
알 수 있었다.

소나기

떨쳐내고픈 아픈 기억들
어둡게 몰려다니더니
누가 볼세라 짝짝 찢어
맑은 하늘에 던져놓았네
이산가족 상봉이라도 하듯
하필 내 머리 위에서
서러운 울음을 터뜨리네
갑작스런 소나기에
촉촉하게 젖은 대지
풀잎 생생하게 일어서고
저것들 실컷 울고 나면
함께 울어준 땅처럼
내 가슴도 후련해지려나.

손

나는 사람을
얼굴이 아닌 손으로
기억한다
얼굴은 뚫어져라 쳐다봐도
기억이 안 되지만
무심결에 느껴지는
두 손의 움직임은
그 사람이 되어
고스란히 남는다
애써 손을 감추는 사람은
사연에 흠이 있는 사람이니
사귐에 조심해야 한다
적당히 우아한
헛됨이 없는 손놀림
손은 곧
그 사람의 마음이다.

시가 별거야

일상에서 얻은
느낌과 깨우침을
하나하나 시로 풀어내어
한 권의 책으로 묶었다
엄마한테 드렸더니
아침에 읽고 저녁에 또 읽으며
야야 참 이상하다야
아침에 읽을 때와
저녁에 읽을 때의
느낌이 다르다야 한다
친구는 읽어보고는
서정시인데도 스토리가 있어
서사시 같다야 한다
후배는 언니야 나도 막
시가 나올라그래 한다
또바기 반응들을 들으며
시집은 마냥 신이 난다
시집에 생명을 넣어주는
그들을 위해
오늘도 난 시를 쓴다.

시를 읽어주는 여자

날이 새면
목사탕 사러 가야 해요
밤새 냥이*한테
시를 읽어주느라
목이 다 쉬었거든요
야옹야옹 울다가도
시를 읽어주면
눈 감고 자는 척해요
나를
시낭송가 만들려고
누가 우리 냥이를
사주했나 봐요.

* 냥이 : 집에서 기르는 고양이.

시인의 꿈

한동안은 시를 찾아
산으로 들로 방황했습니다
이젠 몸의 문을 다 열고
제자리에서 시를 기다립니다
시를 찾아다닐 때는
삶이 넓어지고 어수선했지만
시를 기다리고 있으니
삶이 깊어지고 단순해집니다
시와 동거하면서
사람과 사물을 있는 모습 그대로
좋아하게 되었습니다
시는 나에게 니체의
낙타와 사자의 단계를 넘어
어린아이의 단계로
이끌어 주었습니다
남은 생애는 부모님처럼
때로는 오래된 친구처럼
시와 동행하렵니다.

엄마의 밥상

홀로 사시는 엄마가
평소 밥상 사진을
찍어 보내셨다
짬 내서 다녀가라는
자식들에 대한
메시지일 것이다
사진 속 거울에 비친
엄마 모습을 보니
눈물이 말을 더듬는다
얼마를 더 살아야
바람처럼 자유로워질까
저 잘난 세상도
더 작아져만 가는데
고향 가는 길은
점점 더 멀어져가니.

엄마의 지팡이

골다공증으로 고생하시는 엄마
아들이 새 지팡이를 사드려도
아버지가 생전에 쓰시던
지팡이만 고집하며
동반자인 양 끼고 다닌다
자식들에겐 늘 고맙다 미안하다
버릇처럼 말씀하시지만
마음은 늘
아버지와 함께 하시는지
한 고비 넘길 때마다
영감이 또 살려줬어 하신다
엄마의 지팡이는
영원한 사랑의 부적인 것이다.

읽다 만 시집

어떤 시인의 시집을 읽다가
당신 없이는
일 초도 살 수 없어요란 말에
이 사랑은
오래가지 못하겠구나 직감했다
계속 읽어 내려가니
변명이 들리고 이별이 등장한다
당신은 나의 운명입니다
이 고백을 받은 사람은
그 사랑을 채우기 위해
얼마나 많은 희생이 필요할까
진정으로 사랑한다면
아기처럼 보채기보다
인내의 길이를 늘여야 할 것이다
이별 후의 변명과 애증
더 이상 들여다볼 마음 없어
장식이 된 책장에 유배한다.

촛불은 길이다

바람에 꺼지지 않는
촛불을 보았다
자신을 태우면서도
녹아내리지 않는
촛불을 보았다
누구든 그 촛불을 들면
한 방울의 큰 눈물 되어
순식간에 망망대해에
닿을 수 있다
망망대해가 약속한 그 길은
자유와 평등의 물결이
쉬지 않고 파도치는 길
우리가 한마음으로
촛불을 들면 그 길은
우리의 것이 된다.

한약 같은 시

위로와 치유가 되는
시를 쓰겠다고
다짐하고 또 다짐했지만
막상 아픈 친구한테
아무런 도움이 안 되는
시를 끌어안은 채
벙어리가 된 나를 보며
후배가 한마디 한다
시는 천천히
부작용 없는 한약같이
언니가 선호하는
식물영양제처럼
그렇게 효과가 날 거야
후배에게 한 수 배우고는
화들짝 신이 나서
또 책상을 당긴다.

제4부

여백

빛이 오는 방식

파도가 일어서는
동해 해수욕장에서
일출을 건져 올리다가
난 보았다
정제된 해의 언어들이
노를 저으며 내게로
오고 있음을…
여태 알고 있던 광속은
어쩌면 공기와 같이
그저 우주 공간을
채우는 것이었을 뿐
진정한 빛은
내가 바라는 속도로
막힘없이 노를 저으며
기꺼이 다가와
마음이 모이는 곳에
삶의 길을 열었다.

여백

백지에
들꽃 한 송이 그려 넣으면
여백은 땅이 되고
쪽배 한 척 그려 넣으면
바다가 되고
무지개를 그려 넣으면
하늘이 된다
처음 만나는 사람
그의 과거와 미래가
함께 말을 붙여오지만
나에겐 백지에 불과하다
만남의 의미는
여백이 무엇이 되느냐에 있다.

여백이 된 당신

내가 한 송이 장미일 때
당신은 무성한 잎 되어
말없이 나를 받쳐주고
내가 섬이 되고 싶을 때
당신은 바다가 되어
배를 띄워 불을 밝힙니다
내가 풍경이고 싶을 때
당신은 빈 하늘이 되어
화선지를 마저 채워줍니다
내가 아름다움이 되어
세상의 사랑을 받는 것은
당신이 늘 고요함으로
여백이 되기 때문입니다.

고리땡 바지

그는 갖고 있는
고동색 고리땡 상의에 맞춰
바지를 사고 싶어했다
볼일이 있어 시내라도 갈 때면
옷집을 기웃거려 보지만
고리땡 옷은 보이지 않았다
혹시나 하여 들어가 본
허름한 동네 옷가게에서
운 좋게 만난 고리땡 바지에
문득 목이 메인다
9살 때 여윈 아버지
얼굴도 목소리도 가물거리고
교회 가실 때만 차려입으셨다던
고동색 고리땡 양복 한 벌
육십이 다 된 나이에도
잊지 않고 있는 아버지의 옷.

나의 집

밤새 장막을 치던 어둠이
아침 햇살에 놀라
문틈으로 도망쳐 나가듯
시집을 펼치면
마음을 어지럽히던 사악들이
세상 밖으로 달아나고
빛만이 오롯이 남아
흔들리던 나를 잡아줍니다
나의 끝없는 열정과 방황
햇살 한 줌 머금은 시집 속에서
새사람으로 태어납니다.

나의 천국

죽으면 천국에 가야 한다고
믿고 살아오면서
힘든 일도 마다하지 않았습니다
정치가든 백만장자든 예술가든
그들의 종착지는 하나같이
잠들지 않는 자연의 품이었습니다
천국이란 결국은 자연의 나라
이젠 천국을 가기 위해
일부러 노력하지 않으렵니다
바람 불면 바람 따라 걷고
물 흐르는 방향에 눈길을 주렵니다
살아 있는 것이 여유라 생각하고
틈나는 대로 천국을 즐기며
천국을 지키기 위해
쓰레기 줍는 일부터 하렵니다
내가 가야 할 천국은
내가 있는 바로 이곳입니다.

날고 싶은 아침

학이 날아오르는 그림을
유난히 즐겨 그리는
친구가 있다
그녀의 그림을 보고 있으면
나도 날고 싶어진다

이국땅에서
바닥의 삶을 살고 있지만
정작 날아오르려 하니
적지만 가진 것과
버릴 수 없는 집착이
태산 같다

날개가 없음을 탓하기 전에
비움의 미학을 먼저
몸에 익혀야겠다.

농사

한국에 들어갔을 때
모임에 참석한 적이 있다

일본에서 오셨어요
네
뭐해 먹고 살아요
농사요
수입은 괜찮나요
저는 물만 먹어도 살이 찌고
행복해하는 체질이라
불만 없이 살만합니다

나를 아래위로 훑어보고는
머리를 갸우뚱하더니

아 그런데 무슨 농사져요
시 농사요.

마법의 옷

제자들 모임에 갔다가
얻어온 유니폼
그들이 궁금하거나
내 청춘이 그리울 때면
차려입고 집을 나선다
최선을 다해도
끝을 알 수 없는 오늘의 삶
지치고 버거워
외면하고 싶을 때도
제자들의 유니폼을 꺼낸다
선생과 제자 사이에 놓인
강을 사이에 두고
평행이동 중인 삶이지만
유니폼을 입을 때면
그들의 시선으로
세상을 다시 보게 된다.

만년필

잉크가 떨어졌다

커피를 넣고 쓰면
시에서 커피향이 날까

호숫물을 넣고 쓰면
고요한 시가 될까

바닷물을 넣고 쓰면
시들이 출렁일까

마음을 넣고 쓰면
시들지 않는 시가 될까

사랑을 넣고 쓰면
내 사랑이 꽃필까.

매일이 새롭구나

동네 암자 입구에는
수령을 알 수 없는
노송 한 그루가 있습니다
그는 침묵이 아니라
푸름으로 뭔가를
외치고 있는 것 같아
언젠가는
그 말을 알아듣겠지
아침마다 찾아갔습니다
어느 화창한 가을
햇살을 머금은 잎들이
기쁨처럼 빛났습니다
노송이 아니라 청춘이었구나
입을 다물지 못한 채
올려보고 있는 내게
환한 말씀이 들렸습니다
매일이 새롭구나.

벽시계

선물로 들어온 나를
열어보지도 않고
오랜 세월 깊숙이
처박아 두기만 하더니
며칠 전 떡하니
벽 가운데 걸어주신다
시끄러워하실까
조심스레 똑 딱 똑 딱

가을이 오기도 전에
사람들은 초조해져
겨울 걱정을 한다더니
우리 주인님은
앞서 달리는 마음을
붙들어 세워 놓고
한 시간도 넘게
내 노래를 듣고 있는
여유로운 모습에서
작은 평화를 보았다.

분홍 장미

엄마가 입원해 있는 병실에
매니큐어 곱게 하신
골다공증 할머니가 들어오셨다
할머니 매니큐어 누가 발라줬어요
친구
친구요
어 나 친구 많아
친구 어디에 있어요
유치원에
다섯 살 아이의 기쁨이
여든다섯 살 할머니 손에서
분홍 장미로 피어나 있었다.

새 인연

내 삶을 풀어낸
연약한 시어들이
다시 내 안으로 들어와
메아리치듯
용기를 내 잡은 인연이
큰 설렘 되어
내 삶을 정화시키네
향기가 나비의 길이듯
당신의 맑은 영혼은
자석이 되어
내 마음을 부르네
당신에게 나도
풍경소리였으면…

수선화
— 금잔옥대

퍼붓는 눈길에도
호들갑 떨지 않고
유혹의 언어 피해
다소곳 머리 숙인

첫애를 가진 새댁의
자신감이 빚어낸
금색의 술잔 같은

나무 그림자 밑에서도
주눅 들지 않고
옥쟁반에 잔을 들어
생을 노래하네.

시와 나

나는 늘 시집을 끼고 산다
잠을 잘 때도
읽던 시집이 함께 눕는다
시를 통해 나를 보면
서사적인 나의 지난 삶이
서정시로 바뀌기도 하고
불안하고 아득하기만 한
미래의 삶은
한 편의 명상시가 된다
오늘이란 짧은 시간에도
불투명한 시간과 맞닥뜨릴 때면
난해한 시를 대하듯
마음으로 읽지 못하고
눈으로 건성 흘려보낸다.

시의 가치

내가 키우는 냥이는 이유 없이 거울 속의 나를 바라보며 한참을 울곤 한다. 그럴 때마다 그 속을 몰라 냉수만 마시곤 했는데 8년 만에 해결책을 찾았다. 냥이가 우는 소리보다 더 큰 소리로 시를 읽어줬더니 신기한 듯 쳐다보다가는 이내 쓰러져 자는 것이었다. 시의 가치를 확인하는 순간이었다.

작은 채마밭

시내 한 귀퉁이에 있는
작은 채마밭
배추와 무, 대파 등
어릴 적 아빠가 가꾸시던
채소들을 보고 있으면
마음이 편안해진다

부러워할 것 없구먼유
소음에 한숨도 못 자는
스트레스 덩어리구만요

소스라쳐 둘러보니
밭 양쪽으로
넓은 길이 뻗어 있고
순간도 조용할 새 없이
차들이 달리고 있었다

세상을 바라봄에도
내 마음의 크기만큼만
보여주는 세상
나는 내 안에서만
꿈꾸며 살고 있었다.

칭찬은 꽃이다

페이스북을 하면서
자기가 올린 게시물에
누가 예쁘다고 칭찬하면
혹시 비웃는 거 아닌가
신경을 곤두세우지 마세요
웃음 띤 얼굴로
고맙습니다 하면 돼요
자신을 인정하지 못하는 사람
남을 인정할 줄 모르듯
칭찬을 받을 줄 모르는 사람
남을 칭찬할 줄도 몰라요
꽃이 향기롭고 빛나는 것은
칭찬만 먹고 살기 때문입니다
칭찬이 만발하면
우리 모두 꽃이 되고
세상은 꽃밭으로 변해요.

폭포수

모습을 고집하지 않아
부딪히고 깨질 몸을
갖지 않은 그는
멋대로 뛰어내릴 수 있어
얼마나 좋을까

떨어져 깨지고 부서질까
돌다리도 두드리고
또 두드려야 하는 나는
자유분방한 삶을 살아가는
폭포수 네가 부럽다.

하루를 평생처럼

벚꽃도 다르지 않았다
간혹 일찍 핀 꽃이
늦게 지기도 했지만
열흘을 넘기지 못했다
하루라도 더 살고 싶어
미소를 잃고 수심에 잠겼다면
그는 이미 벚꽃이 아니다
우리도 벚꽃과 다르지 않다
벚꽃처럼
햇살과 바람을 즐기고
꽃잎에 내려앉는 봄비에
조건 없이 몸을 던져
빛으로 웃음을 뿌렸다면
그것으로 만족하고
하루를 평생처럼 살자.

화해의 변

사소한 일로
엄마와 다퉜다
이튿날
엄마는 노망이란 말로
발뺌을 했고
나는 갱년기란 단어에
책임을 떠넘겼다
같이 늙어가는 엄마와 딸
노망과 갱년기를
잘 이용해 먹더라도
사이좋게 살자고
다짐하는 아침
해가 더 붉다.

시인

폭발하는 감성으로
세상의 원색을
기어이 찾아내
안으로 삼키고 숙성시켜
원색이 아닌 빛으로
삶의 경계선 안으로
풀어내는 장인

삶과 죽음의 경계
기쁨과 슬픔의 경계
미와 추의 경계
진실과 상상의 경계
이런 경계들을
자유롭게 넘나드는
바람이며 구름이다.

시적 언어의 연금술과 시상의 자연스러움

— 김화숙 2시집 『빛이 오는 방식』 해설

박 영 교 (시인 · 前 한국문인협회 이사)

시가 아름답다는 것은 시 그 자체가 인간(시의 독자)의 순간 또는 전체를 감흥의 함정에 빠져들게 하기 때문인 것이다. 즉 감미로운 시작(詩作) 표현력과 시의 상징적 내면세계의 감흥이 독자들의 정신세계와 일체가 된다는 것이다. 우리 인간사 속에서 아름다운 마음의 소재이면 어느 작품이든 외면할 수 없는 정서적 가치가 좋은 시를 빚어내는 것이다. 이것은 바로 우리 인간의 미에 대한 탐구력과 체험으로 얻어진 편린이라고 본다.

시를 쓰고 시집을 출간한다는 것은 흔히 산모가 아기를 출산하는 고통에 비유하기도 한다. 적어도 자신의 시집을 묶어 낸다는 것은 한 시인의 인생 한 부분을 정리해내는 작업이라고 볼 수 있다. 이는 또한 다른 새로운 길의 시작을 예고하는 것이기도 하다.

시는 "정서(情緖)의 표출(表出)이 아니라 정서로부터의 도피(逃避)이며 개성(個性)의 표현이 아니라 개성으로부터의 도피이다."라고 한 것은 엘리어트(T.S Eliot)의 시관(詩觀)이지만 결국 시는 사랑하는 내 삶의 한 부분이며 내 생활 속의 충격적 마음의 한 발현(發顯)인 것이다.[1]

김화숙 시인의 작품을 건듯 읽어보고 시를 쓰는 솜씨가 있다는 느낌을 먼저 받았다. 시적 이미지를 만드는 솜씨가 예사롭지 않았다. 그리고 언어를 다루는 솜씨가 매우 자연스럽다. 어떻게 할까 고민하지 아니하고 누에고치에서 명주실을 뽑아내듯 시어(詩語)를, 행과 연을 풀어낸 것으로 느껴진다.

김화숙 시인의 작품 대부분은 호흡이 짧고 내용도 어렵지 않게 쓴 작품들이다. 그의 작품 전편(全篇) 시 89편에는 어렵고 함축적인 작품보다는 말하듯이 쉽게 쓴 작품들이지만 시적 내용은 다양하게 펼쳐져 있음을 볼 수 있다.

김화숙 시인의 시집 『빛이 오는 방식』은 전 4부로 나누어져 싣고 있다. 제1부 '물의 고백' 24편, 제2부 '시간' 20편, 제3부 '엄마의 새 길' 22편, 제4부 '여백' 23편, 총 89편의 작품을 싣고 있으며 그 대부분의 작품들이 생활 시이다. 학교 교편생활에서 제자들과 만나 얻어진 내용도 있고, 후배들에게서 얻은 공감들, 좋아하는 사람에 대한 짝사랑의 이미지들, 조용한 사람들과 만나는 일들, 그리고 벚꽃이 떨어지는 삶의 의미 등의 작품들이 글 속에 녹아 있다.

작품을 많이 다루고 싶지만 한정된 지면관계로 좋은 작품도 다뤄주지 못함도 있을 것으로 본다.

때로는 구름으로 피어올라
높은 곳에서 세상을

---

1) 박영교, 『시조작법과 시적 내용의 모호성』(도서출판 천우 刊) p.231

내려다보고 싶은 심정
사람들과 하나도 다르지 않아
순리를 따라 멈춤 없이
흐르고 흘러가야 하는 것이
내가 사는 모습이라는 것
그 이상도 그 이하도 아니라고
기억해 줬으면 좋겠어.

—「물의 고백」 일부

작품 「물의 고백」 후반부이다. 김화숙 시인이 물을 보는 관점은 감정이입(感情移入)을 시켜서 자신의 이야기를 말하듯이 하는 언어적 표현이 아주 매끄럽게 느껴지며 독자로 하여금 공감을 얻을 수 있는 작품이다. 작품 「물의 고백」 시의 전반부는 누구나 그렇게 느끼고 물에 대해서 그렇게 쓰는 것이 통례이지만 후반부에 와서는 또 다른 생각을 시화시키고 있음을 볼 수 있다. "때로는 구름으로 피어올라/ 높은 곳에서 세상을/ 내려다보고 싶은 심정/ 사람들과 하나도 다르지 않아" 바로 이런 점에서 시인의 표현이 돋보이는 것이다.

야생화를 찍는 친구가 있어
프로필 사진 한 장
찍어 달라 부탁했더니
꽃을 찍듯
나를 찍어놓았다
주름에 기미
염색할 날이 지나
새로 밀고나온 흰머리까지

어느 하나 놓칠세라
선명하고 뚜렷하게 잡아냈다
친구야 내 다시는
꽃이라 우기지 않을게.

—「잘못된 부탁」 전문

참 재미있는 작품이다. 김화숙 시인의 친구도 정말 재미있는 친구이다. 보통 프로필 사진은 그 사람에 따라 다르긴 하지만 대부분이 젊게 보이기 위해서 조금 젊었을 때 찍은 사진을 작품집에 싣곤 하는데 김 시인의 생각도 그렇지 않겠는가?

요즘은 사진 기술이 너무나 발달이 되어서 찍은 사진을 가지고 주름살도 없애주고 얼굴에 점도 없애주며 심지어 이빨도 없는 것을 해 넣어 주는 시대이다. 그러나 시인은 진실을 그대로 드러내고자 하였다. 시인의 마음 바탕이 깨끗함을 엿볼 수 있어서 좋다.

그리고 작품 구상이 좋다. '꽃을 찍는 사진사 친구'를 설정해 놓고 마지막 두 행 "친구야 다시는/ 꽃이라 우기지 않을게." 이것이다. 이것은 '잘못된 부탁'이 아니라 시인의 '잘못된 생각'일 뿐이다.

모든 섬은
바다의 무덤이다
주저앉고 싶을 정도로
삶이 무의미해질 때
섬을 찾는 이유다
죽음 앞에 섰을 때
눈앞에 펼쳐진

법정스님의 섬은
어떤 모습이었을까
처음으로 길상사를 찾았다
스님의 유골이 묻힌
그의 삶 앞에서
나는 이미 너무 많은 것을
소유하고 있었구나
나를 향해 지치지 않고
아무런 대가도 없이
반기며 손 흔들어 주는
풀잎에게서
법정스님을 본다.

—「길상사에 가면」 전문

김화숙 시인의 작품 「길상사에 가면」을 읽으면 바다라는 넓은 땅 위에 봉긋봉긋한 섬들이 마치 무덤처럼 느껴지는 시인의 기발한 이미지 만들기가 이 작품 속에 성공적으로 독자들에게 다가오고 있다. 거기에다 법정스님의 섬(무덤)을 생각하며 「무소유」라는 작품을 생각하게 한다. 더 들어가면 〈삼각산(三角山) 길상사(吉祥寺)〉는 법정스님과 작품 「무소유」와의 관계가 매우 깊은 사연이 있다.

길상사는 1960년대부터 1990년대 초까지는 그 유명한 요정 '대원각'이었다고 한다. 요정이 절[寺]로 변한 것은 요정의 주인인 김영한 여사가 법정스님의 「무소유」에 감명 받았기 때문이라고 한다. 그 법정스님의 섬(무덤)에 대한 시인의 궁금증 또 작품 「무소유」에 대한 난분 두 개도 많아서 남을 주고 나니 가벼운 느낌인데, 김화숙 시인의 소유물은 이미 너무 많음을 자신이 느끼고 있는 것이다.

"아무런 대가도 없이/ 반기며 손 흔들어 주는/ 풀잎에게서/ 법정스님을 본다."라는 마지막 시(詩) 구절이 매우 인상적이다.

허공을 나는 새처럼
하늘을 떠도는 구름처럼
살아온 길을 지우며
앞만 보고 달리면서
지난 흔적들 들춰보는 것을
사치라고 생각했었다

연락이 끊겼던 제자들의
안부전화를 받고
파도치고 동요하는 가슴을
쓰다듬는 나를 보며
친구가 한마디 한다
너도 사람이었구나
사람의 생은 결국
흔적이 말해주는 것임을
깨달은 아침이었다.

—「나는 신이 아니었다」 전문

과거의 삶이 화려하고 지난 흔적들이 빛나는 삶일지라도 그것은 지난 과거일 뿐이다. 그 흔적을 들춰보면 들춰 볼수록 그 화려함이나 그 흔적의 삶이 사치일 뿐이다. 작품 「나는 신이 아니었다」에서 시인은 나만의 삶이 누구나의 삶과 같음을 보여주어 독자로부터 공감을 얻어 내고 있다.

사람들 중에는 과거에 묻혀서 사는 사람들도 있겠지만 좀 더 현명한 사람은 현실에 무게중심을 두고 생산성 있는 삶을 영위하는 사람이라고 한다. “너도 사람이었구나” 이 한 마디를 말해주는 친구가 중요하다. ‘사람은 죽어서 이름을 남긴다.’ 는 그 말이 생(삶)의 흔적이다.

바람은
그림자가 없다
지붕을 통째로 들어
내팽개치고
몇십 년 된 고목을
뿌리째 뽑아놓고도
아수라장을 수습하느라
몰려든 사람들을
무심한 눈으로
바라보는 바람처럼
투명하다면
살아오면서 쌓인
그림자로부터
자유로울까.

—「바람의 삶」 전문

우리가 살아가는 일들이 요즘의 정치판도 그렇고 매스컴의 사회면을 들어보면 너무나 투명하지 않는 삶을 살고 있다.

살아가는 길이 투명하게 살아가면 하나님께서도 복을 주고 살아가는 모든 사람들도 추앙을 하면서 살아가겠는데, 요즘 모든 일들이 자신의 눈앞 이익을 추구하는 삶 속에서는 너무나 당연하게 투명하지 못함을 알고 있다. 성경에는 '마음속에 그런 마음을 품어도' 그것이 죄라고 했는데 삶에 있어서 그림자가 투명하지 않으면 확실히 그것은 죄라고 생각한다.

김화숙 시인은 그림자가 없는 바람이라는 이름에다가 감정이입(感情移入)을 시켜서 사람들의 삶의 그늘이 깨끗하겠는가를 생각해 보는 근원적인 문제를 생각하게 한다.

나 심심해요 했더니
소금 부쳐줄까
아님 간장이라도 한다
자기가 나의
소금인 줄도 모르고

배불러서 졸려요 했더니
통화할까 잠 깨게 한다
사랑의 갈증이
목소리를 듣는 것만으로
해소된다고 생각하는
당신은 정말 바보.

—「바보 당신」 전문

요즘 젊은이들은 필(Feel)이 꽂혀야 결혼한다. 우리 시대에는 대부분의 사람들이 가문과 가문 사이에서 혼담이 이루어지고 가문과 가문끼리 맞지 않으면 아예 처음부터 결혼이 되지 않았다. 그렇기 때문에 부부 간의 마음이 맞지 아니한 상황도 있고 또 잘 맞는 부부도 있는 법이다.

김화숙 시인의 시 내용 속에서 부군과의 서로 주고받는 문답을 들어보면 어쩌면 부군이 일부러 그런 대답을 던졌을 것으로 생각된다. 왜냐하면 유머감각이 뛰어나면 더욱더 그렇다고 생각한다. 어쩔 수 없이 공간을 사이에 둔 한 편의 아름다운 사랑노래로 여겨진다.

늦잠에 화들짝 놀라
커튼을 젖히니
겨울비가 내리고 있습니다
망연히 바라보고 있으니
내 몸에서도
흐르는 소리가 들립니다
몸속의 피와 물이 흐르고
기(氣)도 쉼 없이 흐르지만
당신을 향한 나의 그리움은
풀 한 포기 되어
흐르지 못하고 서 있습니다
이 풀이 시들기 전에
당신을 만나 비처럼 젖어
흘러가고 싶습니다.

—「비처럼」 전문

겨울비가 내리면 떠나간 친구의 발자국 소리처럼 들리는 빗소리, 그대와 함께 따끈한 차 한 잔을 앞에 놓고 함께 마시면서 못다 한 이야기보따리를 풀면 어떨까?

"당신을 향한 나의 그리움은/ 풀 한 포기 되어/ 흐르지 못하고 서 있습니다" 이 풀 한 포기의 아픔! 서로 대화를 함으로써 빗물처럼 소통하고 싶다는 시인의 간절함 이것이 사랑인 것이다. '나의 침묵 속에서 당신의 아름다움을 반사해주고 있지나 않은가?' 시인은 물 흐르듯 술술 풀어내는 언어로 감정과 사랑을 전달하고 있는 언어의 술사다.

함께 흘러가거나 혼자서 머물러 있거나 그것은 자유이다. 왜냐하면 우리 인간의 덧없음을 그대로 느낄 수 있기 때문일 게다.

시집을 읽을 때는
신선한 음식을 다루듯
손을 깨끗이 씻고
첫 장을 펼친다
커피를 내릴 때는
화분을 예쁜 받침 위에
올려놓듯
받침 접시가 딸린
세트 커피잔으로 한다
단골식당 직원이
물을 리필해 줄 때면
수저를 내려놓고
기다리고 있다가
고맙습니다 인사한다
나의 삶 모두를
정성으로 품고 싶다.

—「삶에 대한 예의」 전문

김화숙 시인의 예의바른 생활과 태도가 인간됨이 한눈에 드러나는 시다. 우리나라 사람의 삶에 대한 예의는

상대에 따라 차리는 법도가 너무 까다로워서 옛 반가의 예의를 따르자면 굉장히 어렵다.

필자가 문단에 등단할 때 나의 선생님(丁云 이영도 선생님)께서 김화숙 시인이 하는 것처럼 추천작품을 가지고 가면 선생님께서는 손을 깨끗이 씻고 선비책상 앞에 앉아 작품을 보시던 모습이 지금도 눈에 선하다. 이 작품 속에는 첫째 시집을 대할 때, 커피를 내릴 때, 단골식당에 갔을 때, 이 세 가지를 시에서 언급했지만 김화숙 시인은 모든 일을 할 때에도 그렇게 한다는 것으로 받아들일 수밖에 없다. 김화숙 시인은 예의 바르고 곧은 성품의 옷매무새도 단정한 사람으로 떠오른다.

중년에 들어서면서
주변에 모이는 사람들
말소리가 높아지고
속도 또한 빨라진다
추수기에 들어선 삶
거둬드릴 것이 안 보여
초조함에서이리라
내 삶이 시가 된 뒤로는
사람들 모인 자리에서
애써 입을 다문다
소리가 아닌 향기로
말하는 꽃처럼
따뜻한 미소 하나로
세상을 품고 싶다.

—「수행」 전문

나이가 들면 앞으로 남은 날과 시간이 얼마 없다고 생각되는 사람일수록 시집도 자주 내고 할 일을 빨리빨리 처리해서 보내주는 것을 느낄 수 있다. 왜 그럴까? 정말 김화숙 시인이 시에서 표현한 그대로다. 추수기에 추수할 것 없으면 생각과 마음만 바빠져서 초조함에 이른다. 사람으로 태어나 이름 석 자를 남기고 싶은 마음에서일까?

그러나 마음이 든든한 사람은 언제나 때가 와도 거침이 없으므로 지금까지 살아온 향기로, 미소로 세상을 품고 싶기 때문일 게다. 대단한 아름다움이며 소망일 게다.

네 목소리를 들으면
코스모스의 연약함이 걸어오고
웃는 얼굴을 떠올리면
백합의 향기가 미소 짓는
나에겐 그런 후배다
한발 물러섬으로
상대를 꽃으로 만들어 주고
한층 더 낮춤으로
수수한 사람일지라도
존재감을 느끼게 해주었지
늘 본받고 싶어도
내 생애에 도달하기 힘든
어떤 경지에 서 있는 듯한
나의 후배 옥선아
너는 나의 소중한 친구이며
내 삶의 스승이란다.

—「옥선아」 전문

우리가 살아가다 보면 후배한테서도 배우고 손자 손녀한테도 배울 점이 있다. 필자는 이런 이야기를 할 때는 꼭 퇴계(退溪) 선생의 예를 많이 드는 편인데, 퇴계 선생(1501년 生)은 고봉(高峰) 선생(1527년 生)과 나이 차이가 26년이나 되지만 배울 점이 있으면 깍듯이 예를 갖추고 함께 사단칠정을 논했다고 했으며, 고봉보다 더 나이 차이가 있는 율곡(栗谷, 1536년 生)과도 서로 성리학에 대해 생각을 다툰 적이 있다. 퇴계(退溪)의 그릇이 얼마나 큰가를 잘 보여주고 있는 대목이다.

김화숙 시인도 이 시를 통해보면 자신을 낮추고 존재감을 느끼게 해주는 후배 옥선이에 대해서 “너는 나의 소중한 친구이며/ 내 삶의 스승”이라고 한 것으로 미루어 보아 서로 좋은 한 분 한 분임을 표출하고 있다. 시인의 인간 됨됨이의 넉넉함을 보여주는 좋은 시다.

넓은 동경 하늘이
회색 일색이다
흐림이라고만 했지
비 온다는 말은 없었는데
보슬비에 젖는다
돈 벌어 고향 가서 살 거야
20년 전부터
벼르고 살아왔지만
고향은 오히려
등 뒤로 멀어져 갔고
고향 동네도 이젠 낯설다
비에 마음까지 젖는
오늘 같은 날 나는

외딴섬이 된다.

—「외딴섬」 전문

우리가 살다가 나이가 들면 돈 벌어서 고향에 가서 여생을 보낼까 하고 생각하는 사람은 비단 사람뿐만이 아니다. 예부터 수구초심(首丘初心)이라고 했다. 그러나 그런 일이 그렇게 쉽게 이루어지지 않는다. 현대사회는 사람을 그냥 두는 법이 없다. 그저 쫓고 쫓는다. 일에 쫓기고 생각에 쫓기고 심지어 돈도 사람을 쫓는다. 하지만 아름다운 생각이 시가 되고 시집이 되면 이미 그 사람은 자기뿐만 아니라 타인(독자)까지도 고향으로 불러들이는 것이다. 어디 하면 어느 시인, 어느 소설가의 고향을 우리는 찾아가는 것이 아닌가?

지금은 고향에 가면 오히려 낯설다. 나의 친구들은 다 어디로 갔는지 없다. 추억이 깃든 골목이나 놀이터도 기억만 있을 뿐이다. 곧 나는 이방인이 되고 드넓은 바다에 홀로 떠 있는 외딴섬으로밖에 존재하지 않는 것이다. 그러나 시인은 시집 속에 고향을 만들어 놓았다. 독자까지 공감하는 그런 고향을 만들어 놓았다.

베란다에 꾸며놓은 정원
겨우내 정성껏 지켜냈습니다
불씨를 간수하듯
향기 한 줌마저 지켜냈습니다
봄이 찾아오는 길 잊을까 봐
빛의 통로도 활짝 열어놨습니다
봄기운을 짊어지고
성큼 당신이 오실 날

나의 정원의 꽃들도 필 것이고
당신을 향한 짝사랑이
올해도 꽃을 피우겠지요.

—「짝사랑」 전문

시는 어려운 철학(哲學)이 아니다. 시가 직접적인 체험이나 간접체험 속에서 살아 꿈틀거릴 때 독자들의 마음도 움직여지며 작가와 일체의 감동을 표출하게 되는 것이다.

김화숙 시인의 짝사랑은 자신의 영역에서 그분과의 약속이나 그분을 위해 간수한 자신의 향기마저 지키면서 봄이 오는 길을 찾아오라고 열어놓고 있는 상황이다. 내 정원의 꽃들은 당신이 오는 날을 위해 기다리는 그리움으로 꽃을 피우겠다는 바람이다. 그런데 그 짝사랑 주인공이 누구인지는 시인 혼자만이 아는 사람이다. 그 대상은 사람일 수도 그 어떤 다른 것일 수도 있다.

옛 제자를 만나면
하나같이 선생님 키가
엄청 큰 줄 알았어요 한다
나이 들어 줄었다 말하기 싫어
너희들은 앉아 있었고
선생은 늘 교단에 서 있었기
때문이라고 변명한다
제자들 동창모임에 초대받고
굽 높은 신발을 새로 장만하여
작아져 보이는 키만큼
세월을 되돌려 세우면서

인생 선배로의 빚은
제자들이 생각했던 것보다
더 키가 커졌다는 것을
알아줬으면 좋겠다.

—「신발을 사며」 전문

살아가다가 다른 사람들한테 본의 아니게 변명을 할 때가 있을 것이다. 김화숙 시인은 변명을 해도 그럴듯한 변명이 되어서 듣기가 참 좋게 들린다. "'너희들은 앉아 있었고/ 선생은 늘 교단에 서 있었기/ 때문"이라는 변명이다. 또 대부분의 교사들은 이 시를 공감할 것이다.

나이가 들면 키도 줄어든다는 말은 옳은 것이다. 김 시인은 세월을 되돌리기 위해 굽 높은 신발을 구입해서 신는다고 한다. 그러나 시대가 사람의 키를 키웠는데 어찌할꼬? 가난한 시대에 산 사람은 대부분 키가 작다. 요즘처럼 풍요로운 삶을 산 아이들은 키가 크다. 그들 속에 섞이면 나무숲에 든 듯 하늘이 안 보인다고 한다. 우리는 키가 작아도 우리 아랫대의 키가 크니 좋지 아니한가.

머리가 허옇게 센
제자들을 안쓰럽게 보면서
세상은 풍요로워졌지만
삶은 녹록하지 않은가 보다
높은 점수를 얻어
좋은 대학을 가라고는 가르쳤지
풍파와 맞서지 않고도
살아가는 지혜까지는

가르쳐주지 못한 것 같다
난 오늘도 염색을 하며
삶의 실패 앞에서도
웃음이 바래지지 않고
하루를 살더라도
젊고 윤기가 넘치는 삶을
세상에 보여주고 싶다.

—「염색을 하면서」 전문

머리가 허옇게 센 사람들은 왜 그럴까? 세상의 풍파를 이기지 못해 머리가 센 것이 아닌가? 그렇게도 생각해 보았지만 그것은 아닌 것 같다. 머리를 많이 쓴 사람들 중에 어릴 때부터 영양섭취를 잘 한 사람들은 머리가 그렇게 잘 세지 않는다고 한다. 그런데 김화숙 시인은 제자들의 센 머리를 보고 삶이 녹록지 않아서 그런 것으로 치부해 버리고 풍파와 맞서지 않고 살아가는 법을 가르쳐 주지 못한 것을 후회하고 있는 것 같다. 김 시인의 교육관이 은근히 드러난다. 교사는 제자를 어부가 되게 할 수는 있지만 낚시는 제자의 몫이다. 사람마다 그 몫이 제각각 아니겠는가?

시인은 삶의 실패 앞에서도 당당하게 웃고, 하루를 살다 가더라도 젊고 윤기 있는 삶을 살다가 가는 길을 보여주고 싶다고 한다. 시인은 이미 성공한 삶이다. 오직 겸손할 뿐이다.

벚꽃이 눈 내리듯 질 때
떨어진 꽃잎을 밟고
하늘거리며 내려오는
꽃잎을 담느라

죽음을 밟고 아픔을 찍느라
셔터 누르는 소리
포즈 잡는 소리가 화려합니다
아픔도 정해진 죽음도
아름다울 수 있음을
가야 할 때 가는 것도
축제일 수 있음을
꽃비 맞으며 걷다가
죽비소리를 들었습니다.

—「꽃비 내리던 날」 전문

벚꽃은 일본국의 국화이지만 그 벚꽃은 우리나라 고유의 꽃이라고 한다. 진해 군항제 때의 그 말을 들은 것이다. 김화숙 시인은 「꽃비 내리던 날」에서 떨어지는 눈꽃을 밟고 셔터를 누르고 포즈를 잡느라 화려하다고 했다.

벚꽃이 떨어져서 가야 할 때가 되면 꽃이든 사람이든 누구나 그 아픔을 깔고 갈 수 있어야 아름다울 수 있다. 그 떨어지는 꽃비를 맞으며 걷는 걸음 위에 문득 깨달음이 시인에게 전달하는 그것이 바로 죽비소리다. 스님들이 면벽(面壁)한 선(禪)에서 졸거나 딴 생각을 하면 어깻죽지를 맞는 죽비소리를 들어야 한다.

파도가 일어서는
동해 해수욕장에서
일출을 건져 올리다가
난 보았다
정제된 해의 언어들이

노를 저으며 내게로
오고 있음을…
여태 알고 있던 광속은
어쩌면 공기와 같이
그저 우주 공간을
채우는 것이었을 뿐
진정한 빛은
내가 바라는 속도로
막힘없이 노를 저으며
기꺼이 다가와
마음이 모이는 곳에
삶의 길을 열었다.

—「빛이 오는 방식」 전문

시인은 아침 햇빛을 동해 해수욕장에서 바라보고 있다.

아침 일출을 바라보면서 무엇을 생각하고 있었을까? 그 이글거리는 햇빛이 자꾸만 자기에게로 떠오르면서 올라오는 것을 보고 시인은 이 우주 공간에 가득한 밝은 공간과 우리가 값없이 먹고 마시는 깨끗한 공기 등을 생각할 수 있을 것이다.

진정 바라는 하루의 빛은 내가 원하는 곳에서 삶의 길을 막힘없이 열어가는 아침노을이기를 바라는 마음일 게다.

이상에서 전 4부에 실려 있는 작품들을 자상하게 읽어보았다.

시인의 붓끝은 약하지만 어렵고 가난한 자의 편에 서서 천군만마와 싸워 이길 수 있는 용기와 지혜의 큰 힘이 담긴 명검으로 남아야 하고, 강하고 두렵고 권력을 남용하는 자의 앞에 서서는 그것을 녹일 수 있는 대장간의 풀무불과 같은 용광로의 불길이어야 한다.

그리고 인간으로서의 느낄 수 있는 정감은 깊고 넓어야 하며 푸르고 높고 영원불변하여야 하고, 시간과 공간을 망라하여 그 정감이 모든 사물을 꿰뚫을 수 있는 날[刃]이 상그러운 송곳과 같아야 한다.[2)]

김화숙 시인의 작품은 시상(詩想)의 자연스러움과 시적 언어로 만들어내는 이미지(Image) 구상이 너무나 스무스(Smooth)하다. 어려운 작품들이 없을 뿐만 아니라 시적 이미지가 연결되지 아니한 작품은 하나도 없는 것이 특징이다. 마치 옆 사람에게 조용조용 이야기하듯 한 작품들이 대부분이며, 타이르듯이 읽히는 누구나 공감하기 쉬운 내용으로 이루어져 있다.

앞으로는 더 호흡이 큰 작품을 쓰면서 시인으로서 군림(君臨)할 수 있는 큰 이미지를 담는 그릇을 준비할 수도 있어야 한다. 또 가난하지만 올곧은 자의 편에 서서 변용(變容)할 수 있는 훌륭한 시인이 되기를 바라는 바이다.

---

2) 박영교, 『시와 독자 사이』(도서출판 청솔 刊) p.347~348

문학세계대표작가선 825

빛이 오는 방식

김화숙 제2시집

인쇄 1판 1쇄 2017년 9월 13일
발행 1판 1쇄 2017년 9월 20일

지 은 이 : 김화숙
펴 낸 이 : 김천우
펴 낸 곳 : 도서출판 천우
등 록 : 1992. 2. 15. 제1-1307호
주 소 : 서울시 성동구 무학봉28길 6 금용빌딩 2F
전 화 : 02)2298-7661
팩 스 : 02)2298-7665
http://moonhak.wla.or.kr
E-mail : chunwo@hanmail.net

값 8,000원

ISBN 978-89-7954-686-6

이 도서의 국립중앙도서관 출판예정도서목록(CIP)은 서지정보유통지원시스템 홈페이지(http://seoji.nl.go.kr)와 국가자료공동목록시스템(http://www.nl.go.kr/kolisnet)에서 이용하실 수 있습니다. (CIP제어번호: CIP2017023800)